中学安全教育

初　二

主　编　戴国栋
副主编　马成吉　范迎梅　胡勇全　耿金勇
编　委　张　智　陈　军　李千溪　罗红军
王立忠　杜士平　孙红军　乔立秋
马桂林　李季秋　林丽芬　田　勇
范慧丽　陈　蕾　姜翠华　杨海红
戴晓雨　戴维天　刘占军　杨宏大
罗　鹏　宋先锋　赵玉柱　杨玉明
郑文利　张文举　王亚东　王海涛
梁　红　李　恒　曲德全　王宝君
张彦军　张光辉

大连出版社
DALIAN PUBLISHING HOUSE

图书在版编目(CIP)数据

中学安全教育．初二 / 戴国栋主编．—大连：
大连出版社，2012.2
ISBN 978-7-5505-0274-1

I.①中… II.①戴… III.①安全教育－初中－教材
IV.①G634.201

中国版本图书馆CIP数据核字（2012）第024191号

出 版 人：刘明辉
策划编辑：李　鹏
责任编辑：李　鹏　尚　杰
封面设计：布洛戈营销策划
责任校对：刘春艳
责任印制：史凌玲

出版发行者：大连出版社
地址：大连市西岗区长白街10号
邮编：116011
电话：0411-83621171/83620941
传真：0411-83610391
网址：http://www.dlmpm.com
邮箱：lp@dlmpm.com
印 刷 者：大连日升印刷厂
经 销 者：各地新华书店

幅面尺寸：185mm×260mm
印　　张：3
字　　数：45千字
出版时间：2012年2月第1版
印刷时间：2012年2月第1次印刷
书　　号：ISBN 978-7-5505-0274-1
定　　价：10.00元

前言

近些年，自然灾害频发，校园暴力、交通事故以及信息网络事件、公共卫生事件和社会突发事件也屡有发生，使很多学生受到不同程度的伤害。为了最大限度地预防安全事故发生和减少安全事件对中小学生造成的伤害，保障中小学生健康成长，我们按照国务院颁发的《中小学公共安全教育指导纲要》的要求，编写了这套中小学安全教育教材。本套教材旨在教育学生提高安全意识，掌握必要的安全知识和技能，了解相关的法律法规常识，养成安全应对日常生活和突发事件的习惯。同时，帮助学生树立和强化安全意识，正确处理各种关系和解决各种矛盾，切实保障自身安全，使学生充分认识到个人安全和社会公共安全的重要意义，做好防范敲诈勒索等恐怖事件的心理、思想准备，并掌握必要的应对办法。教育学生不参加影响和危害社会公共安全的活动，树立国家安全意识和社会责任感，自觉维护公共秩序，维护社会稳定。抵制抽烟、酗酒、赌博、吸毒等不良行为习惯，预防违法犯罪。培养和教育学生树立正确的人生观、价值观、道德观，使学生更加热爱中国共产党，热爱祖国，热爱人民，热爱社会主义，努力成为社会主义的建设者和接班人。

本套教材针对不同年级学生，合理安排不同层次的内容，由浅入深地逐条落实《中小学公共安全教育指导纲要》的全部重点教育内容。坚持符合学生的认知特点，注重实践性、实效性、实用性和趣味性，并做到与地方安全教育实际状况有机结合。尽力做到点与面结合、知与行统一，在对学生进行安全知识教育的同时，注重思维训练和技能演练，促使学生进一步掌握安全自救和救助的技能及办法。本套教材图文并茂，故事性强，案例生动，十分适合中小学生使用。

本套教材在编写过程中，得到了众多一线教师的积极支持和大力帮助，很多名师亲自参与课程设计和教材修改，使本套教材具有课堂实际教学的可操作性，在此表示衷心的感谢。当然，由于编写匆忙和水平有限，不足之处在所难免，诚望不吝指正，我们将不胜感激！

编 者

2012年1月

目 录

第1课　树立社会责任意识
不参加危害社会安全的活动

每名青少年都要树立社会责任意识，做社会的主人、国家的主人。要知道，我们今天的社会是由中国共产党领导的人民军队经过抗日战争、解放战争，抛头颅、洒热血换来的，我们的幸福生活是经过改革开放而取得的，没有中国共产党，就没有新中国，就没有今天幸福安定的生活，就没有祖国的繁荣强大。我们为生活在阳光灿烂的社会里，生活在富强昌盛的国家里，感到无比自豪和荣耀。我们要珍惜美好的生活，热爱我们的祖国，树立社会责任感，担负起民族复兴的重任，让中华民族屹立于世界民族之林是我们共同的愿望。我

们绝不允许任何国内外反动势力颠覆我们的国家，破坏社会主义社会，发现危害社会、危害国家的人和事，要坚决反对，并及时报告警察。有些社会敌对分子拉拢青少年参加影响和危害社会安全的活动，青少年不仅不应参加，还要对此进行揭发检举。没有安定的社会，哪有幸福的生活；没有强大的祖国，哪有美好的家园。我们要保持清醒的头脑，绝不被非法政治性组织所利用，无论受到怎样的威胁、诱惑和利用，都坚决不能参加颠覆和破坏国家安全和社会安定的活动。不参加盗窃、抢劫、行凶、赌博、卖淫、嫖娼等违法犯罪活动。不参加各种非法的集会、游行、示威、请愿活动。不参加集体罢课、罢餐、上访、聚众闹事等群体性活动。不参加围攻教师、围攻学校等徇私报复活动。不参加群体性斗殴事件。做对国家、对社会有益的事情，做一名遵纪守法的合格中学生。

为了培养自己丰富健康的思想情感和树立社会责任意识，中学生有必要参加读好书、观好影视活动，参加红歌赛、红诗画活动，增加对革命前辈、对历

史的了解，从而接受革命传统教育，增强对祖国、对社会主义、对中国共产党的热爱。加强法制学习，学法、知法、守法、用法，自觉遵守法律，不做任何违法的事情。历练革命意志，打造优秀品格，为做好社会主义接班人奠定坚实基础。

讨论

1．为什么会存在危害社会安全的敌对分子？

2．畅谈我们的国家和社会与其他一些国家、社会相比有哪些进步和优越性。

3．我们怎样用实际行动热爱祖国、热爱社会主义、热爱中国共产党？

阅读案例

1．2004年9月，3名少年因为缺钱，手持水果刀等作案工具，在某中学校园抢劫学生53人，殴打学生40人，致2人轻伤、16人轻微伤，获得现金300多元及牛仔裤1条、怀表1块。3名未成年案犯最终分别被法院判处9年、8年、1年有期徒刑，并处500元到1000元罚金。

2．2004年1月20日，银川市某中学的王某等4人在某网吧碰面，其中马某提出“弄点钱”上网，其余3人表示同意。4人来到街上，将路过此处的郭某从自行车上拉下，对其一顿拳打脚踢，抢得现金5元后逃离现场。案发后4人相继落网。

3．16岁的刘某初中未毕业就辍学混迹于社会，父母离异对之管教较少，他在一群社会朋友和“哥们儿”、“兄弟”那里得到“畸形的温暖和帮助”，变得残忍和胆大妄为，多次伙同其他案犯实施盗窃、抢劫，作恶多端，成为社会的害虫，最终被绳之以法。

演讲比赛

结合团队活动，开展一次“三热爱”演讲活动。

第2课　拒绝吸烟　不要喝酒

吸烟有害健康，喝酒不利于青少年的身体发育。有的青少年把吸烟、喝酒作为成熟的标志，这是极其错误的。有的青少年效仿成年人，把相互递烟敬酒作为交往沟通的媒介，这也是不应该做的，是不健康的行为。

你知道烟里含有哪些害人的物质吗？目前，从香烟烟雾中分离出的有害成分达2000多种，其中主要有尼古丁等生物碱、胺类、一氧化碳、氮氧化物、烯烃类等有害物质。一支香烟所含的尼古丁，全部提取出来可毒死一只小白鼠。20支以上香烟提取出来的尼古丁可毒死一头牛。50～70毫克的尼古丁便可致人死亡。虽然吸烟时尼古丁是间断地、缓缓地进入人体，不会立即致人死亡，但是它对人体的危害是持续存在的。尼古丁还可以使支气管上的纤毛丧失活力，甚至脱落，致使支气管黏膜受损，易发炎和感染，并能加重慢性支气管炎和肺气肿患者的病情。香烟烟雾中含有致癌物苯并芘，它可沉积于吸烟者的肺部，常年刺激可诱发肺癌。一氧化碳与尼古丁共同危害吸烟者的心血管系统并使胆固醇储量增加，加速动脉粥样硬化，导致患上冠心病等多种疾病。

吸烟几乎危害人体的全部器官，导致患上呼吸系统、心脑血管等严重疾病，尤其会使人患上喉癌、胃癌、肺癌、膀胱癌等绝症。

吸烟不仅有害于自己，还有害他人。在公共场所吸烟，不吸烟者也同样会受到伤害，被动吸烟者吸入的烟雾中同样含有多种有毒物质和致癌物，同样增加各种疾病的发生概率。吸烟不仅缩短寿命，还影响青少年的发育，导致记忆力差，精力不集中，学习成绩下降。因此，世界卫生组织把每年的5月31日定为“世界无烟日”，在这一天，号召世界各地不吸烟也不售烟。

青少年为什么不可以饮酒呢？因为青少年正处在生长发育的关键时期，身体各组织器官发育尚未成熟，饮酒会对正常的生理功能及发育带来严重影响。酒的刺激直接影响到胃液和胃酶的分泌，容易引发胃炎和胃溃疡。酒精进入人体要靠肝脏来解毒，青少年的肝脏发育还不完善，饮酒会给其幼嫩的肝脏带来难以承受的负担，影响肝功能。经常饮酒，易患酒精中毒性肝炎和脂肪

肝，最终发展成肝硬化。酒精浓度过高，可引起视力减弱，神经反射速度显著减慢，学习效率降低。长期饮酒，可引起营养和代谢失调，造成蛋白质、维生素及矿物质供应不足，影响青少年生长发育，容易引起肌肉无力，性发育早熟。酒精可使脑细胞受到破坏，使智力、理解力、记忆力下降，因此，饮酒对青少年危害很大。《中华人民共和国未成年人保护法》第三十七条规定："禁止向未成年人出售烟酒。"

青少年刚刚开始迈步人生，人生的路很长，追求的理想和目标尚未实现，美好的生活即将开始，没有好的身体，所有美梦都将破灭。因此，我们一定要拒绝烟酒，保护健康的身体，去实现人生最远大的理想，体现人生最大的价值，无愧于父母的养育、老师的培养、党的关怀和祖国的期望。

如何避免吸烟、喝酒呢？

1．要具有坚决不吸烟的意志力。无论遇到怎样不顺心和烦恼的事情，都不能以吸烟来消愁解闷。无论学习压力有多大，都不能以吸烟来缓解精神紧张。记住：一旦吸烟就很难戒烟，一旦吸烟就会产生疾病，一旦吸烟就会缩短寿命。

2．不要以好奇心来尝试，也不要模仿影视明星展示吸烟时的“潇洒风度”，更不要以为自己长大了，通过吸烟来显示男子汉的气概。

3．当别人向你递烟时，可以婉言谢绝：“谢谢你，我不吸烟。”如果别人坚持递烟，找借口回绝：“我最近咳嗽，不能吸烟。”如果别人讽刺打击，则找借口离开。

4．避开吸烟的场所，为自己创造一个清新环境。

5．当你最好的朋友劝你吸烟、喝酒的时候，你应该告诉他吸烟、喝酒的危害。同时告诉他，既然是好朋友，不必客气，都要替对方的身体着想，做有益于身体健康的事。尤其逢年过节，同学聚会，一定会遇到别人劝酒，这时，应该礼貌地谢绝。只要你坚持不喝第一口酒，别人就不会强行让你喝的。只要坚持下去了，大家都知道你不喝酒，也就没有人再劝酒了。

6．每到喝酒的场合，如果你不喝酒，可能会遭到冷嘲热讽，你一定要坚持住。还有可能遇到生逼硬劝，你一定要坚持到底，牢记：谁劝也不喝，坚决不能动摇意志。

讨论

举例说明吸烟、喝酒给自己和他人带来的害处。

阅读案例

1．在天津市某中心医院，昏迷了10多个小时的女学生李某终于缓缓睁开了眼睛。和这名女生一起被送来的还有3名学生，他们都来自红桥区某校初中二年级。昨晚他们11名同学聚会时，都喝了不少白酒、啤酒和红酒。被送到医院时，李某完全昏厥，出现了休克，还伴有口吐白沫等症状，属于重度酒精中毒，有双目失明的可能。经过医生抢救，李某才苏醒过来。

2．两年前，李某的妈妈遭遇车祸去世。失去了母爱，李某痛不欲生，爸爸又在外面打工没法照顾他。李某开始靠吸烟逃避现实、借酒浇愁。没钱了，他就去偷。终于有一天放学后，他在公共汽车上偷钱包让便衣警察逮了个正着，被送进了少管所。李某追悔莫及。

3．唐山市一名初中男生过生日，家长给了100元钱，他用这笔钱买了白酒以及其他食品，与两个伙伴一起吃喝，结果这名学生因喝酒过量而酒精中毒，经医院抢救无效死亡。

演讲比赛

召开主题班会：中学生如何拒绝烟酒的诱惑。

第3课 千万不要吸毒 坚决抵制毒品

毒品是全球性的灾难问题，是社会大“毒瘤”，直接危害人民的身心健康，给经济发展、社会进步带来巨大威胁。第42届联合国大会把每年的6月26日定为“国际禁毒日”。一些青少年由于对毒品的无知，在不知不觉中沾染了吸毒的恶习，结果不仅断送了自己的前途理想，毁掉了青春和健康，甚至葬送了宝贵的生命。因此，我们要认识毒品，了解毒品的危害，从而坚决抵制毒品，避免吸食毒品，健康成长。

什么是毒品？毒品都有哪些种类呢？

毒品是指国际禁毒公约规定的受管制的麻醉药品和精神药品。

《中华人民共和国刑法》第三百五十七条规定：毒品是指鸦片、海洛因、甲基苯丙胺（冰毒）、吗啡、大麻、可卡因以及国家规定管制的其他能够使人形成瘾癖的麻醉药品和精神药品。常见的毒品种类有鸦片类、大麻类、可卡因类、苯丙胺类等。

1. 鸦片：俗称大烟、烟土，是古老的毒品，容易使人上瘾。

2. 吗啡：鸦片加工后，可提取吗啡。吗啡比鸦片更容易使人上瘾，更容易使人产生精神依赖和身体依赖。由于纯度不同，颜色可呈白色、浅黄色或棕色，可呈结晶粉末状或块状。吸食吗啡会出现涕泪交流、四肢痉挛、大小便失禁。因为难受至极，所以会大哭大叫，最后倒地昏睡，不省人事。吸食吗啡会造成注意力、思维能力和记忆力的衰退。长期大剂量地吸食吗啡，会引起精神失常等综合征，也会因呼吸不畅而死亡。

3. 海洛因：俗称白面、白粉、999、四号等，由吗啡进一步提炼加工而成，是鸦片类当中危害最大的毒品，被认为是“毒品之王”。它一般为白色块状、粉末状物质，也有一些是灰色和浅黄色的，大多有醋酸味。吸食海洛因，极易成瘾且很难戒掉。

4. 可卡因：这是一种最强的天然中枢神经系统兴奋剂，刺激人的中枢神经系统，使人产生强烈兴奋。毒瘾发作时，呼吸急促，体温升高，周身颤抖痉挛，肌肉扭曲变形。可卡因可以导致人患上中毒性精神病，使人焦虑、猜疑，还可能出现癫狂的幻觉，如幻听、幻视、幻触等，把所有的人视为敌人，采取攻击行动，伤害他人，危害社会。

5. 冰毒：其主要化学成分为甲基苯丙胺。因为形状与冰块相似，所以俗称冰毒。冰毒能使中枢神经产生强烈的兴奋，使人焦虑和紧张，容易产生错觉而引发狂躁、自杀、自毁等暴力行为。吸食冰毒可导致人的记忆力衰退和长久性失眠，会出现面部发红、发热、出汗、心跳增加、心律失常、心肌缺血、血压升高、精神亢奋，甚至会全身痉挛、精神失常。

6. 大麻：吸食后，初期会产生错觉，情绪激动，行动异常，好斗，继而会产生焦虑、猜疑、倦怠昏睡，吸食过量会导致精神失常。吸食大麻，使人脑功能失调，记忆力受损伤，平衡功能发生障碍，生育能力遭到破坏。

7. 摇头丸：又叫狂欢丸、狂喜丸，是世界流行的新型毒品，化学名为亚甲二氧基甲基苯丙胺。摇头丸通常有丸剂、片剂，形状多种多样，具有强烈的刺激中枢神经使人兴奋的作用。一旦吸食后，会使人极度兴奋或产生错觉，摇头不止，行为失控，极易诱发精神分裂症，引发对自身的伤害，并导致危害社会的极端行为。摇头丸在一些娱乐场所非法交易，对青少年产生很大危害。

8. 氯胺酮：俗称K粉。吸食后作用于大脑，产生幻觉，麻痹人的神经系统。

另外，安定、三唑仑、咖啡因等国家管制的药物，不能滥用。否则，会对身心健康造成极大的危害。

吸毒有哪些危害呢？

吸毒不仅伤害自己的肌体，导致生理功能紊乱，而且损伤大脑、心脏、肝脏、肾脏等组织器官，可导致心律失常、全身痉挛、神志不清，甚至死亡。毒瘾发作后，流泪不止，哈欠连天，喷嚏不停，剧烈咳嗽，没有食欲，精神萎靡。长此以往，人骨瘦如柴，变成什么都干不了的废人，更无法进行正常的学习、工作和生活。重者难以忍受毒瘾发作时的巨大痛苦，往往自伤、自杀、自残，丧失了理智，丢掉了人格，毁灭了青春，葬送了前途、理想甚至生命。吸毒不仅危害自己，也危害社会。吸毒者往往倾家荡产，也贻害后代。吸毒、贩毒引发的盗窃、抢劫、诈骗、卖淫和各种暴力犯罪，严重危害社会治安。因此，青少年要坚决拒绝毒品，一定不要沾染任何毒品。保护我们的生命健康，让我们的一生充满快乐、充满幸福、充满希望，让我们的生命活得有意义、有价值。

如何预防和拒绝吸食毒品呢？

1．增强法律意识。一定要充分认识到吸毒是违法行为，吸毒将走向犯罪的深渊，吸毒对个人、家庭、社会危害极大。

2．树立责任意识。吸毒对自己、父母、亲人、社会都是极大的不负责任。生命只有一次，不仅属于自己，也属于父母、亲人和社会。一旦染上毒品，自己身体受损，也伤害父母和亲人，甚至家破人亡，危害社会。要时刻告诫自己，吸毒会毁灭一生。

3．抵制不良诱惑。千万不能因为好奇而染上毒品，也不要受陌生人的诱惑而染上毒品。一定要立场坚定，态度明确，绝不吸食毒品。

4．保持良好心态。正确对待挫折和困难，遇到困难和挫折时不要精神苦闷、情绪低落，更不要悲观失望、垂头丧气。要把挫折和困难当成人生的“加油站”，它能够打造人的抗压能力、抗挫能力。绝不能试图以吸毒来麻醉自己、解脱苦恼，否则不仅不能解脱苦恼，反而会害了自己。

5．参加有益活动。有的青少年思想空虚，寻找刺激，不相信吸毒上瘾戒不了，结果不能自拔，一发不可收，最后坠入苦海。要多参加集体健康活动，陶冶情操，让心境更加纯净、更加恬静、更加美好。

6．慎重结交朋友。不与吸毒者接触，不结交社会上有劣迹的人员，尽量不涉足公共娱乐场所，尤其是涉毒的场所。一定不要受他人的影响、引诱、教唆和胁迫而吸食毒品。

7．如果已经吸毒，要悬崖勒马，立即戒毒。可采用服用美沙酮药物治疗的方法。但最有效的办法，就是意志疗法，用坚强的毅力戒毒。

讨论

吸毒的危害，以及怎样拒绝毒品。

阅读案例

1．陈某，14岁，在广西某中学读初中一年级。事发当天中午，陈某从学校回到家中，当时他坐在客厅沙发上，陈某的母亲在厨房里忙着做午饭。陈某的母亲回忆："突然听到噗通的一声，孩子从沙发上面掉到了地上，看到他手脚都抽筋了，我马上跑出来把他扶到沙发上。"当时陈某口吐白沫，四肢抽搐，神志不清，家人赶紧拨打了"120"急救电话。医生诊断结果：吸毒过量。经过几个小时的抢救，也没能留住陈某的生命。同时公安局民警也来到医院为陈某做了尿检，证明他曾吸食毒品K粉，医院也认定陈某是过量吸食K粉而导致呼吸循环衰竭，最终死亡。

2．南宁市某中学的4名中学生，下课后偷偷聚集在校园内一偏僻处，一起吸食新型毒品K粉。其中一名学生不听劝说，一口气将所有的K粉吸完。几分钟过后，他因吸食K粉过量，晕倒在地上。

3．16岁的叶某是某校初三年级的学生，在学校住宿。中考前夕的一天，她突然肚子疼痛难忍。一名同学见她很难受，就拿出一支烟对她说："这种烟能止痛，吸了后，保证马上就不痛了。"叶某没有多想，当时就抽了那支烟，疼痛明显减轻。在接下来的两天中，叶某又吸过两次。三天后，叶某肚子不疼了，但她再也离不开那种烟了。后来她才知道烟里掺了海洛因，从此她沦为一名吸毒女，为了获取毒资，她不惜从事卖淫活动，最终被送进了劳教所。

4．深圳市某中学学生何某在班上学习成绩一直是第一名。然而班上转来的新同学成绩优秀，威胁了他第一名的地位，于是他自尊心受挫。在期末考试时，他孤注一掷，采取作弊的方式，结果名誉扫地，检讨、处分接踵而来。由于无法承受和面对这一切，他逃遁在毒品的虚幻梦境中，演绎了一幕一失足成千古恨的悲剧！

演讲比赛

主题：坚决不要吸食毒品。

第4课　安全使用煤气　防止煤气中毒

日常生活中我们经常会使用煤气，煤气给人们的生活带来许多方便。但是我们也要特别注意，如果不了解使用方法，不掌握使用技能，会造成恶性事故，甚至会酿成火灾。那么，如何做到安全使用煤气呢？

1．必须认真阅读燃气灶具的使用说明书，严格按照说明书的要求操作和使用。

2．使用人工点火的燃气灶具，先将火源凑近灶具，然后再开启阀门。

3．一定要保持燃气灶具完好。要经常检查灶具，看是否有漏气、堵塞、回火等现象，发现灶具损坏，及时检修。使用时发现漏气，要立即关闭总阀门，切断气源和电源。

4．燃气灶具在使用时，人不要离开。有时由于人离开时间过长，烧干锅而起火；也有时由于煤气被风吹灭或被锅中溢出的水浇灭，造成煤气泄漏而发生火灾。

5．使用煤油炉取暖、燃气热水器洗澡时，一定要开启窗户，保持室内通风，同时要注意洗澡人的动态，长时间没有声响时，可敲门问候一声，防止煤气中毒事故发生。

6．使用煤气时，要随时注意燃烧情况，及时调节火焰。

7．一定不要玩弄煤气开关，不要忘记关闭开关。出门时要看一看开关是否关严，防止煤气泄漏引发中毒和火灾爆炸事故。

使用煤气时主要注意两点：一是火灾，二是中毒。这两点都是十分重要的，出了事故都不轻。因此使用煤气时要十分谨慎和小心，最好由家长使用。如果油锅起火，先关掉煤气，盖上锅盖，然后切断电源。如果煤气着火，可用干粉灭火器直接喷洒，或者用湿被盖住燃气灶或煤气罐。

怎么才能发现煤气泄漏呢？

一是闻，煤气泄漏时会有难闻的臭味。二是看，煤气外泄会形成雾状白烟。三是听，能听到“嘶嘶”漏气的声音。四是摸，用手接近灶具时有凉凉的感觉，就是煤气外泄的地方。

如何防止煤气中毒呢？

发现煤气泄漏，应立即用湿毛巾捂住嘴，关闭煤气开关。千万不要开启或关闭任何电器的开关，也不可拨打手机。要打开门窗，并迅速逃到户外，再报警。

煤气中毒的症状：头痛、头晕、恶心、呕吐；有强烈虚脱感，呼吸及脉搏加速，意识模糊，身体无法自主移动；脸色潮红，意识丧失，痉挛，最终昏迷不醒，心脏停止跳动。

发现煤气中毒应采取哪些措施呢？

1．发现有人煤气中毒，马上将其放到空气新鲜、通风良好、温暖的地方，关闭煤气开关，打开门窗通气。

2．对呼吸微弱或呼吸停止者，立即进行人工呼吸。

3．煤气中毒后要安静休息，避免活动后加重心、肺负担。

4．注意保暖，及时盖上毛毯、棉被等，防止受寒。

5．尽快送医院救治。

如何预防和确保安全使用煤气呢？

1．如果家长不在家，不要擅自使用燃气热水器，也不要用煤油炉取暖。

2．如果用管道煤气做饭，应在家长指导下进行，还要定期检查灶具开关和胶管有无煤气泄漏现象。

3．一定在家长指导下学会使用煤气后才开始操作，确保万无一失。

4．在使用煤气之前就要做好防火灾、防中毒的准备，要有防护设施，如煤气报警器，注意室内通风等。

5．不要在空气不流通的室内使用燃气热水器，不要随意拆改室内燃气设备，以防煤气中毒。

6．不要在燃气灶具附近使用明火和燃放烟花爆竹，防止煤气泄漏造成火灾、爆炸等严重事故。

7．若家中长期无人居住，应关闭煤气阀门。

讨论

说一说煤气的好处和害处。

阅读案例

1．阿健刚打完激烈的球赛回来，感觉全身酸软乏力。“累死了！妈，我要洗澡！”一进门，阿健就大声喊，迫不及待地冲进了浴室。妈妈听到声音，一下想起了今天上午感觉有点儿煤气味，就说：“阿健，注意点，看有没有漏气。”阿健回了句话：“知道了，如果漏气，我会感觉到的，受不了我就会出来。没事，我洗澡了！”阿健于是忙着给浴缸放水，准备好好泡个热水澡，把疲倦一扫而光。虽然感觉是有点儿煤气味，想想，一点点气味，不碍事，反正受不了出去就是了，明天再叫爸爸检查一下。于是，他马上躺在浴缸里，不知不觉打起瞌睡来……过了好长一段时间，妈妈发现阿健还没出来，感觉有点儿不对劲，难道……越想越担心，马上放下手上的东西，跑去浴室。浴室关着门，里面没有半点动静，叫了一声也没有人应答。妈妈顾不得那么多了，马上拼命地撞开浴室的门，一股难闻的煤气味扑面而来！只见阿健靠在浴缸边上"睡着了"……在医院里，医生说，如果时间再拖长一点，阿健就没救了，好在妈妈发现得早！

2．3名中学生打完篮球后，相约在家中洗澡。3人在浴室里洗了近10分钟后，家中老人突然发现浴室里没声音了。打开浴室门，老人赫然发现3名中学生煤气中毒，全部赤身裸体地躺在地上。幸好当地巡警及时施救，3名中学生才成功脱离生命危险。

3．晚上10点左右，林某在家中的浴室洗澡。过了1个多小时，母亲来到浴室喊儿子，而林某没有任何动静。家人打开门后发现林某倒在浴室的地上，不省人事。急救中心接到求救电话，医生迅速赶到现场，发现林某的呼吸和心跳已经停止。林某最终经抢救无效死亡。经检查，林某的死因是洗澡时没有打开浴室的排气扇而导致煤气中毒身亡。

第5课　防火防盗防触电

年年防火，年年发生火灾。一旦发生火灾，就会造成人员伤亡及财产损失，如果家庭失火，会使全家多少年的劳动成果瞬间化为乌有，更使原本快乐的家人居无定所，甚至造成家庭人员伤亡，给予亲人沉痛打击。因此，预防火灾的发生是青少年安全教育的一大主题。在生活中，引起火灾的原因主要包括：用火不慎、用电不慎、用电设施老化、用油不慎、用气不慎、吸烟不慎、玩火、燃放烟花爆竹等。

如何做好火灾的预防呢？

1. 家中无人时，应关掉电源和燃气阀门。

2. 正确使用燃气灶具，经常检查煤气设施，发现漏气及时修理更换，防止煤气泄漏造成火灾。

3. 正确使用家用电器，检查开关、插座、线路是否完好，防止短路引发电器着火。不要用湿手碰触电器开关。

4．做饭时要预防食用油过热起火，还要避免可能引起靠近灶具的易燃物起火。

5．不玩火，不乱扔烟头。清明节在野外祭祖时更应注意防火，直到火源熄灭方能离去。

6．在规定地点燃放烟花爆竹。

7．管好明火。要与易燃、易爆物品保持距离，防止火星飞溅引起火灾。

8．不要在经常使用的公共通道堆放杂物，否则既容易引起火灾，又会妨碍逃生及救援。

9．家庭应准备火灾逃生四件宝：家用灭火器、应急逃生绳、简易防烟面具、手电筒。另外最好在卫生间准备一桶水，以防火灾。

10．出行前，要检查燃气是否关闭，电熨斗、电饭锅、电水壶、电褥子等的插头是否拔下。尤其是厨房、卫生间要仔细检查一遍，方可出行。

一旦发生火灾该如何应对呢？

要沉着面对，迅速拨打火警电话“119”，并讲清楚住处。发现火苗，要迅速用湿毛毯或湿被褥等罩住火焰，再浇水扑打。家用电器着火，要先切断电源，然后设法用湿毛毯或湿棉被盖住起火处。千万记住：电路、电器着火一定不要用水浇。油锅着火，也不要用水浇，应迅速盖上锅盖，也可将切好的菜倒入锅内。如果厨房煤气着火，可用湿毛巾、湿围裙等直接将火焰盖住，同时关闭煤气阀门。

如何预防火灾和逃生？

1．发生火灾逃生时，要用湿毛巾捂住鼻口，弯着腰尽量接近地面，背向烟火方向迅速撤离。

2．等待救援时应尽量在窗口、阳台等易被发现的地方。如果逃生通道被切断，短时间内无人救援时，应关紧迎火门窗，用湿毛巾、湿布堵塞门缝，防止烟火侵入，用水淋湿房门，以延缓火势蔓延，并靠墙躲避，等待救援。

3．不要轻易跳楼。可将应急逃生绳或被单撕成条做成绳索，牢系在窗柱上，顺绳滑至安全楼层。

4．酒精火锅添加酒精时起火，不要吹，可用茶杯盖或小碟盖在酒精罐上灭火。

5．煤气罐着火，可用浸湿的被褥捂压，同时关闭阀门。

6．楼房失火时，千万不要乘坐电梯逃离。

7．身上着火要就地翻滚灭火，也可迅速将衣服脱掉。如果附近有浅水池，立即跳入水中。

8．如果在野外燃起篝火野炊，临走时一定要浇水灭火，防止复燃。

9．商场、影剧院、学校等公共场所发生火灾，要按工作人员指挥，有秩序地撤离现场，不能乱跑，严防踩踏事故发生。

10．因火势太猛，无法从楼房出口逃生的，可以从二层处跳下，但要选择不坚硬的地面，同时应从楼上先扔下被褥等增加地面的缓冲，然后再顺窗滑下，要尽量缩小下落高度，做到双脚先落地。

防盗和防火一样，也是时时刻刻要警惕的问题。一旦丢失了东西，不仅损

失财物，也影响学习和生活，甚至影响精神健康。因此我们要时刻保管好自己的贵重物品和钱包。

偷盗分子可能会采用多种方式行窃。一是借口找人，流窜行窃。外来人员流窜盗窃首先是摸清被盗人的情况，往往以找人为借口打探虚实，伺机下手。二是犯罪分子急于得到财物，胡乱闯入，明火执仗。三是顺手牵羊，见机行窃。盗窃分子看见摩托车、自行车没锁，顺便骑走；趁宿舍无人，顺手拿走钱物。四是调虎离山，趁机行窃。用虚假信息诱人离开，趁机作案。五是里应外合，勾结行窃。校内学生勾结外来人员，合伙作案。六是挖门撬锁，入室盗窃。七是浑水摸鱼，寻机行窃。趁学校组织活动，乘人不备，寻找机会进行盗窃。

如何做好防盗工作呢？

1．离开宿舍或教室时，必须随手锁门、关窗，防止盗窃分子乘隙而入。

2．现金多时，要存入银行并注意保管好存折和银行卡，不要向任何人泄露密码。存折、身份证要分开存放。

3．妥善保管贵重物品。要将钱包和贵重物品存放在有锁的抽屉或橱柜内，不要随意乱放。

4．不要将不熟悉的人随便带回宿舍，更不要擅自留宿。

5．外出时不要在公共场所点钱或炫耀自己的手机等贵重物品，以防引发事端。

6．同学之间搞好团结，互相关心，互相帮助，发现异常情况，及时向学校或警察报告。

7. 发现形迹可疑的人进校门或进宿舍，要进行询问，也可请他出示身份证、学生证、工作证等，提高警惕，加强防范。

8. 发现被盗，不要破坏现场，应及时报警。

9. 保护自身不受伤害。如遭遇小偷，不要硬拼，要巧妙周旋，可以舍弃钱财而保人身安全。尽量记住小偷的特征，以便报警求助。

防触电。现在生活越来越富裕，家用电器也越来越多，如电视机、电冰箱、电吹风、电熨斗、电饭锅、电暖壶、电脑、洗衣机、微波炉、空调等。我们的生活离不开这些电器，而这些电器也给我们的安全带来一些隐患。一旦触电，轻则导致肌体伤残或功能障碍，产生心慌、惊恐、面色苍白、乏力、头晕等症状，严重者甚至会窒息死亡。因此，我们必须学习用电常识，掌握使用电器的技能，防止因触电而受到伤害。

有的人在电线上晾挂衣物；有的人把晾晒衣服的绳子、铁丝拴在电线杆或离电线较近的地方；有的人把电褥子插头整天在插座上插着，走了也不拔；有的人家里保险丝熔断时，不更换合格的保险丝，而是用铜丝或铁丝替代；有的家庭电线破损，裸露在外，也不用胶布或塑料护套线缠好；等等。这些都可能带来安全隐患，引起各类事故。为了用电安全，要按要求维修电器、管护线路。

为了防止触电，还应该远离高压线、变压器。雨天不要走近高压电线杆、铁塔、避雷针等。不要在带电的广告牌、霓虹灯下停留；要远离电动车、手电钻、配电箱、闸门开关等。在使用按钮开关、插座、插头时应小心谨慎；放风筝时要远离电力设备，尤其要远离高压线、变压器；不要私拉乱扯电线，不能用手试探电源有没有电；如果保险丝烧断，要请电工及时更换，不能自己用铜丝、铁丝、铝丝代替；不要随便玩弄电器，不要乱拆乱装电器设备，不要乱触电源线或墙壁上的电源插座；不要用湿手触摸开关以及任何带电电器，也不能用湿抹布等去擦电线、开关、电视、冰箱等。如果有人触电，千万不要用手去拽人，应在确保自己安全的基础上帮助别人。可以先切断电源，或用干燥的木棒、竹竿等绝缘物体把电线挑开。触电者脱离电源后，一边马上送医院急救，一边进行人工呼吸。

讨论

怎样防火、防盗、防触电？

阅读案例

1. 2001年4月3日，河南省郑州市某中专学校317室学生宿舍里，一名同学为了试听录音机，在一个损坏了的插座上接线，由于导线不规则，而且又从褥子底下穿过，结果当日下午接线处打火，烧坏褥子，引起火灾，烧毁4名同学床上的被褥、衣物、书籍和一些公物。

2. 2004年12月，山东省济宁市某中专学生宿舍里，一学生从开关处引线另接了一个功率为2000瓦的电炉，准备做饭。打开电炉10分钟后，由于功率太大而使导线起火。

3. 2002年7月24日，湖北省某经贸学校的学生，帮助家中大哥在新盖的楼房上架设电线，由于带电作业而不慎触电从楼上摔下，致使其右臂骨折，身体多处受伤。

4. 1994年11月27日13时30分，辽宁省阜新市某歌舞厅发生特大火灾。大火共烧死233人，直接经济损失30万元。起火原因为在3号雅间的一名中学生划火柴点燃报纸吸烟时，将未熄灭的报纸塞进沙发的破口内，引燃沙发内的聚氨酯泡沫，继而导致附在墙面上的易燃化纤装饰布着火，迅速蔓延成灾。

5. 沙特阿拉伯麦加市某中学发生火灾，14名学生死亡，50名学生受伤。火灾原因：着火部位是学校茶炉房，茶炉房与教室相连，着火时，浓烟和火焰很快蹿入教室，受惊的学生拥挤着逃出教室，由于教室的门太窄，通道也狭窄，影响安全疏散，一些学生被挤倒在地，被踩死或踩伤，酿成了一场悲剧。

6. 河北省张家口市有几名中学生，利用课余时间疯狂偷盗自行车，在一年多的时间里，该团伙疯狂作案61起，盗窃自行车50辆、电动自行车11辆，卖车得来的赃款全部用于上网。

7．中学生黄某在校不好好学习，经常同别人聚在一起打牌赌博。输钱后不知悔改的他，竟然撬开老师的房门入室盗窃。黄某被判处拘役3个月，并处罚金1000元。

8．2005年7月13日下午，象州县初中学生丘某、覃某、黄某、涂某、叶某、余某和谢某结伴到码头边游泳。游泳过程中，叶某拉着码头渡船上方一裸露电线，致使水中的6人遭电击。岸上的涂某见状呼救，在船上值班的人听到呼救声后，出来将裸露电线移开，并救起丘某、余某、叶某，而黄某、覃某则沉入水中。叶某、余某送医院抢救后脱离危险，丘某则当场死亡。次日黄某、覃某的尸体被打捞上岸。经司法鉴定，丘某、黄某、覃某符合电击后溺水死亡的特征。

9．河北省廊坊市某中学初二年级2名学生，在村外田野爬上高压电线杆，偷割电线，被电击身亡。据目击者称，当时二人趴在电线上，胸腹严重烙伤，惨不忍睹。

10．一天下午放学后，某中心学校初中三年级学生冯某与同村同学魏某、张某等4人一起回家，在路上发现一根电线杆歪倒，电线横在路中，走在最前面的魏某同学不小心被电击中，黏在电线上，脚底冒着火花。同伴见此情景，都惊慌失措，几个同学准备扑上去拉魏某。“这样救人危险。”冯某想起平常学习的触电急救知识，急忙把他们拦住。说话间，只见冯某先用干木棒去拨电线，遗憾的是，木棒折断。情急之中，他只好用同伴戴的帽子当绝缘体拨开电线，然后将口鼻流血、不省人事的魏某抬离事故地点。随后，他又及时打电话报告给了村委会，为挽救魏某的生命赢得了宝贵的时间，魏某终于得救了。

11．1994年12月8日，新疆克拉玛依友谊馆的舞台上，几块被烤燃的纱幕布条，忽然落在796名师生和干部面前。这里汇集的是7所中学、8所小学精心挑选的优秀师生。刹那间，灯光熄灭，火势汹涌，烈焰毒烟突然绝情地扑向那些天真可爱的中小学生！这场震惊中外的克拉玛依大火灾，使288名中小学生和37名老师、干部遇难。然而，有位年仅10岁的小男孩和他的表妹却奇迹般地“火里逃生”。当这对小兄妹安然无恙地被人从厕所里救出来时，他们的脸上并没有惊恐。当人们问道：“你们为什么躲到厕所里呢？”小男孩从容地回答：“我记得‘电视安全知识竞赛’上说过，火灾发生时厕所里最安全。”这样的回答使在场的许多大人目瞪口呆，他们不能不钦佩小小年纪的孩童，具有这样科学的自防、自救、自护的基本常识。

第6课 冷静应对自然灾害 寻求自我保护、求助和逃生

由于人类对自然界的严重破坏，因此，大自然给人类以无情的惩罚。滥采伐、滥开发、滥捕杀、战争、制造核原料，使大自然生态不能保持平衡，因此，近些年世界各国都多灾多难。所以，作为青少年一定要保护生态环境，保护好我们赖以生存、生活的家园。我们也要学会沉着冷静地应对自然灾害，提高在自然灾害中自我保护、求助和逃生的本领和技能，免遭自然灾害的伤害。

1．地震发生，牢记求生。

地震造成的灾害是巨大的，如唐山大地震、四川汶川大地震、日本东北地方太平洋近海地震。一旦发生地震，一定要保持沉稳，不能慌乱，有序撤离。发生地震时，如果在家庭室内，应选择厨房、卫生间、储藏室等空间小的地方躲避，也可以躲在墙角、墙根处，远离外墙、门窗和阳台，不要使用电梯，更不能跳楼。如果在学校上课，楼层低的可迅速撤离，楼层高的要在老师的指导下迅速抱头、闭眼，躲在各自的课桌下，并把书和书包放在头上，保护好眼睛

和头部。如果在操场或室外，应跑到较为空旷的地方，或原地不动，双手保护头部，注意避开篮球架或高大建筑。如果正在上实验课，应立即关闭水、电、气，迅速处理掉有害物质，然后再躲到实验桌下或墙边。在公共场所发生地震，如果在商场，应避开商品陈列柜橱，先将头部护住，迅速靠近墙壁。如果在影院、候车室，可以躲在椅子下面，靠近门口可迅速逃生。如果在行驶的车内，应抓牢扶手，以免受伤，或躲在座位下面。如在野外，应尽量避开山脚、陡崖，以防滚石和滑坡。在户外其他地方，就地选择开阔地避震，蹲下或趴下，以免摔倒，不能乱跑。避开高大的建筑物或构筑物，如过街桥、立交桥、高烟囱、水塔等。避开危险物、高耸物或悬挂物，如变压器、电线杆、路灯、广告牌、吊车等。避开一些危险场所，如旧房屋、危墙、高门脸、窄街道、砖瓦木料堆放处等。当身体遭到地震伤害时，应设法清除压在身上的物体，尽可能用湿毛巾或其他东西捂住口鼻防尘烟。当身体被埋时，用石块或铁器等敲击物体与外界联系。适时呼救，注意保持体力，设法用砖石等支撑上方不稳的重物，保护自己的生存空间，要有坚定的求生信念、坚强的毅力和决心。地震过后，还会有余震，所以不能乱跑或回教室取东西。

2．雷电暴雨，注意躲避。

雷电是有暴风雨时出现在大地和天空之间的一股电流，经常会以高尖物体或金属物体为电击目标。雷雨天气要防止雷击，如果在家要马上关闭门窗。雷雨天不要用太阳能热水器洗澡。打雷时，不要在屋檐下或大树下躲雨。雷雨天气，不要在楼顶玩耍，不要使用电视机、收音机、电吹风等电器，要立即拔掉电源插头。不要接打手机，不要摸水管、煤气管等金属管道，不要划船和打伞，也不要佩戴有金属饰品的发卡和项链等。在户外躲避雷雨，应选择低洼的地方，然后蹲下，双

手抱膝，胸口紧贴膝盖，尽量低头，手不要接触地面。如果头、颈、手有蚂蚁爬走的感觉，头发竖起，说明将发生雷击，赶紧趴下。

暴风雨天气不要在屋檐下行走，防止高空坠物砸伤。不要在树旁行走，防止树枝刮断打伤头部。小心路面无井盖或坑洼处，更重要的是躲避来往车辆，注意交通安全。在雷电天气和暴风雨天气尽量不出行，确保万无一失。

3．发生洪水，积极自救。

我国大部分地区，夏季多雨，特别是丘陵地区或山区，一到雨季，就容易发生洪水，遇到洪水就要积极采取自救措施。

洪水到来之前，应尽量做好准备。

一是要进行防洪训练，提高自救、自护能力。同时要准备好救生圈、食物、药品等急救物品。还要充分了解地质情况，要避开可能有山洪或泥石流暴发的地区。

二是根据电视媒体，了解气象信息，关注天气预报，避开雨天出行。

三是明确撤离的路线和目的地，选择好避难所。

洪水来临时，要采取自救措施。

一是迅速爬到比较牢固的高层建筑或较高的地带。要学会发出求救信号，如摆动衣服和树枝，大声呼救等。

二是无论发生什么情况，都要十分冷静。如果落入水中或被水冲走，尽量抓住水中漂浮的木板、箱子和衣柜等，逐渐向岸边靠拢。如果道路坍塌，不要急于通过。

4．沙尘暴天气，注意防护。

沙尘暴发生时，漫天黄沙，天昏地暗。沙尘暴会造成空气质量下降，影响人体健康和交通安全，破坏建筑物和公共设施，也会造成人员伤亡。2007年3月16日，伊朗遭遇沙尘暴猛烈袭击，造成5人死亡，14人受伤。

那么沙尘暴来临时，如何做好防护准备呢？

如果在家，要关严门窗，有地下室的，可躲在地下室里。如果在上学途中，不要急着赶路，应立即到附近屋内躲避。尽量不要外出，如果必须出行，最好穿戴防尘的衣服、手套、面罩、眼镜，也可用纱巾蒙头，以免沙尘侵害眼睛和呼吸道，造成伤害。有呼吸道疾病的人避免出门，避免骑自行车。如果沙尘进入眼中，可用温水清洗眼睛，或请眼科医生救治。走路时要小心谨慎，靠路边行走。

5．泥石流发生，迅速逃生。

泥石流是山地沟谷中由洪水引发的携带大量泥沙、石块的洪流。其来势凶猛，伴有强大的吼叫声、轰鸣声，一旦被卷入泥石流，很难生还。因此发现泥石流，要抛弃一切随身物品，不顾一切向沟谷两侧山坡或高地迅跑逃生。避开有滚石和大量堆积物的陡峭山坡，躲开低洼的地方。

6．龙卷风袭来，安全躲藏。

龙卷风威力特别巨大，带来的后果也特别严重。龙卷风所到之处，房子屋顶会像卷席一样被卷走。因此，必须掌握防御龙卷风的知识，以确保安全。龙卷风袭来时，要远离门窗和外围墙壁，最好躲到地下室。尽可能用毛毯将自己裹住，以防异物伤

害。在野外遭遇龙卷风，应向龙卷风相反的方向逃跑，如果来不及逃跑，要马上找低洼处趴下，闭上嘴和眼睛，用双手护住头部。如果乘坐汽车时遇到龙卷风，把车停在低洼处，马上离开汽车。如果在公共场所，应向指定地点疏散，立刻离开危险房或活动房。

7．海啸来时，拼命逃离。

2004年12月26日由地震引发的印度洋大海啸，2011年3月日本东北地方太平洋近海地震引发的海啸，都是人间悲剧。因此，我们要学习预防海啸知识，避免伤害。如果到海边旅游或居住，应留心地震的报告，因为地震是海啸的前兆，一旦感觉震动，应立即离开。海啸登陆时海水往往明显升高或降低，发现之后，即刻撤到高处，尽量撤到最高处，而且速度一定要快，要拼命奔跑。动物对海啸有警觉，动物反常也是海啸的前兆，应立即逃离。万一被海啸卷入海中，要沉着冷静，设法抓住树枝、木板之类的漂浮物，不要挣扎，避免消耗体力，小心被海水呛着，保存体力，寻求救援。

8．酷暑严寒，做好预防。

三伏炎热，阳光曝晒，青少年很容易中暑。一旦中暑就会影响到身体健康，甚至造成生命危险。因此，在炎热的夏季，尽量不搞室外活动。如果出行，要备好防晒用具，打遮阳伞，戴遮阳帽，最好涂抹防晒霜，要准备防暑降温的药品，衣服应选用棉、麻、丝织用品。要多吃蔬菜、水果，补充维生素。每天要多喝温开水，也要注意休息和睡眠，保持体力。

三九严寒最容易冻伤，因此要尽量减少外出，不让皮肤暴露在外面。冬天要穿柔软、舒适、保暖的棉衣，戴好手套、帽子、围巾、口罩，扎紧袖口裤腿，扣好领口，还要食用一些抗寒性的高热量食品，如瘦肉类、蛋类、鱼类、豆制品、动物肝脏等。

讨论

还有哪些自然灾害需要我们预防和应对？

阅读案例

1．2005年7月20日下午，江西省某技工学校一名学生在暑假期间到山上放牛，当时乌云密布、电闪雷鸣，很快就下起了倾盆大雨。由于雨下得很急，赶牛下山已经来不及了。为了躲避大雨的浇洗，他跑到一棵大树下面依树避雨。一阵巨雷鸣响，这名学生惨遭雷击死亡。

2．部分优秀学生参加夏令营活动，中午，在山上进行野餐时，风云突变，顷刻间，电闪雷鸣，狂风暴雨。此时，有的同学看到山顶有亭，便奔向亭子躲避，有的蹲在半山腰巨石底下用塑料桌布避雨，有的迅速下山，跑到了林场办公室避雨。雨过天晴，山上传来了噩耗，躲在亭子里的同学1死2伤，同学们悲痛欲绝。

3．2005年5月23日下午 5 时许，桂林资源县连降大到暴雨，造成该县延东乡石区头村一处山体滑坡。当时正值这个村小学放学，有3名小学生被泥石流冲走。这次事故造成1名学生死亡，2名学生重伤。

4．2005年6月5日晚上9时许，位于宾阳县思陇镇境内的高峰林场万盘分场林区内，由于连续降雨造成山洪暴发，引发泥石流和山体滑坡。在两股泥石流的夹击下，一个林场工人居住的工棚被冲毁，造成工人死伤 2 人，失踪 1 人。

5．1979年4月17日傍晚时分，湖南省常德地区天气异常闷热，12岁的小学生姚某牵着三头水牛正在放牧，忽然雷声隆隆，乌云密布，他急忙牵牛回家。就在这时刮来一股龙卷风，水牛惊慌地往水库大坝上跑，姚某也跟着牛跑，结果被龙卷风卷到几十米的高空中，越过两座小山和一个水塘，距离长达1000多米。幸好落地时他摔到一棵油茶树上，只受了轻伤。

6. 2010年青海发生7.1级地震，营救人员在清理幼儿园时发现一个阿姨抱着七八个孩子全都死在那儿，可旁边的桌子下面全都是空的。

7. 1994年9月16日，台湾海峡发生7.3级地震。地震时，漳州一所学校正在上课，同学们听从老师的指挥迅速躲到桌子底下，等到地震过后才依次迅速撤出教室，没有任何伤亡。而同时，在广东另一所学校，地震时上千名学生夺门而出，伤亡将近一千人。

8. 一天下午，南京某大学的一名同学在考试时中暑昏倒，校医40分钟后才赶到。令人吃惊的是，学校救护车上的氧气瓶竟然是空的，是应付检查用的。由于错过抢救时间，晚上7点医院传来消息说，该学生已经去世。

第7课 克服烦恼 调节和控制情绪 抑制冲动

青春期的到来，不仅给青少年带来好奇，带来许多梦幻和浪漫，而且也带来许多烦恼。青春期的烦恼，应该看做是人生的必然过程，因为它不仅属于生理现象，也是人成长中必然存在的心理过程。全世界所有的人，青春期的时候都有过烦恼，所以不必大惊小怪，也不必担忧。只要设法调节和自我控制，烦恼会被克服，冲动会被抑制。

青春期的烦恼主要来自以下几个方面：

一是生理方面的烦恼。由于体格、外形、性器官、第二性特征等方面的变化，也使心理方面产生巨大的变化。性意识的发展，对性产生浓厚的兴趣，喜欢追求异性，但因受到社会规范的要求，不能得到满足，所以会产生烦恼。有些女生对月经也产生厌烦情绪，特别是月经还带来身体某些不适，她们会显得无奈，甚至有一种痛苦感。

二是学习方面的烦恼。由于青春期少年求知欲旺盛，都有争排头、抢一流的心理，但是由于个体差异，必然在学习方面存在差异。青少年的虚荣心、自尊心又很强，有的废寝忘食、夜以继日地学习，但成绩仍不理想。加之家长施加的压力，给青少年带来很多烦恼。

三是认知方面的烦恼。由于青春期少年认知的片面性，所以对人、对事的感觉时好时坏，情绪不稳定，常以自己的认知体验去衡量人和事，充满着理想主义色彩，凡事都要求绝对公平合理，好辩论，爱钻牛角尖，一旦遭到否定，就苦闷、烦恼。

四是沟通方面的烦恼。青春期少年认为自己是成年人了，独立意识逐渐增强，很反感别人将自己当成小孩，他们现代的思想和生活方式与父母产生代沟，彼此形成对立的矛盾，谁也说服不了谁，因此，产生了烦恼。

五是生活方面的烦恼。青春期少年生活方面必然有所追求，而这种追求与经济有直接关系，尤其是家境贫困的孩子，愿望得不到实现，所以产生烦恼。

六是美观方面的烦恼。有的青春期少年长了一脸“青春痘”，感到很影响美观，用手挤害怕溃烂发炎，留下永久性的疤痕，医治效果还不佳，很烦恼。

七是情感方面的烦恼。有的青春期少年拿友谊当爱情，女孩子不答理男孩子，男孩子烦恼；男孩子不答理女孩子，女孩子烦恼；两个人好了一段时间又不好了，双方都烦恼。

此外，受到老师批评也烦恼，同学说了几句不顺耳的话也烦恼，没有满足

自己的要求也烦恼，简直是烦恼缠身。

实际上，这些烦恼是根本没有必要的。有了烦恼必然会产生消极情绪，这些烦恼和消极情绪由一个人承担，只能加重自己心理上的负担，久而久之就会得心理疾病，而且自己夜不能寐，辗转反侧，寝食不安，何故自己惩罚自己。如果甩掉包袱，轻装上阵，会何等的轻松呢。所以，青少年要养成宽宏大度的品格。人要大气一些，克服消极情绪，可用调节和控制的办法解决，也可以通过迁移的办法，转换环境，转移兴趣。多参加羽毛球、乒乓球、排球、篮球等球类活动，或者参加滑冰、游泳等体育活动，参加团体活动、学校劳动、文艺比赛等，陶冶情操，活跃气氛，锻炼体力，保持昂扬向上的精神。可以多读一些好书，观看一些健康的影视剧，使思想得到升华。可通过宣泄的办法释放心理压力，可到空旷的原野或高山高声呼喊，也可在操场上猛劲地奔跑。总之，要克服烦恼，克服消极情绪，还是有许多办法的。

情绪需要控制，不控制就会产生冲动。有的青少年打架斗殴就是由于没有控制住情绪。控制需要理智，需要毅力。情绪控制不住就容易产生冲动，俗话说“冲动是魔鬼”，冲动产生的后果是不堪设想的。少女心动，有爱更有痛；男儿冲动，后果很严重。冲动就会出手伤人，就会走上违法犯罪的道路。看青少年是否有发展潜力，关键是看在一些事情处理上是否抑制住了冲动。

讨论

1. 你有过烦恼吗？是怎样克服的？

2. 你对“冲动是魔鬼”这句话是怎样理解的？

阅读案例

1. 这是一个令人痛心的故事：一个重点中学的高三学生，因一点小事与外婆发生口角，拿起器具就往老人头上敲。当老人因伤致死后，该生若无其事地继续复习，又连着三天参加期末考试并发挥正常。一星期后，外出的父母返家才发现此事。当他被抓起来后，对犯罪情节毫不隐瞒，公安人员问什么答什么。最后，他以自杀结束了自己的人生。

2. 杨某，青岛市某高中学生，2003年6月在学校跳楼自杀身亡。据杨某的母亲称，女儿在初、高中一直是备受师生关注的优等生。就在高三前后，由于过分的焦虑，她开始心情忧郁，头昏无力，入睡困难，身体状况不佳。经诊断，确定为患上抑郁症。之后，为了使杨某能按时上学，母亲带她进行了心理及药物治疗，甚至到精神病医院诊治，收到了一定的疗效，精神有所好转。可就在其毕业前，杨某又在电话里向母亲哭诉说不能集中精力，生活就像“炼狱”，“活不下去了，救救我吧！”并第一次提到了死。不久，她在学校跳楼自杀。死前，她留有遗书，叙述了其生活的痛苦和寻求解脱的期盼。

3. 2007年4月的一天夜晚，新昌县一所中学的寝室发出争吵声，舒某和同住一室的陈某在熄灯后还在大声交谈，学校有规定，熄灯后学生不能大声谈话。隔床的同学王某等人受到干扰后就不满了，因此争吵起来。后来陈某与王某约好，二人到学校操场上去“单挑”，舒某带着水果刀，也跟到了操场上，看到陈与王二人在对打。当陈某被打得后退时，舒某“拔刀相助”，随手朝王某腹部连刺数刀，刺破了对方的回肠，经法医鉴定，对方的伤势已经构成重伤。

4．山东省寿光市某中学几十名初中学生，在距离学校仅200米远的一家书店前，手持铁棍、刀具群殴。此次群殴事件中，一名初三学生被另一名初二学生用刀捅至靠近心脏的要害部位，经抢救无效死亡。

5．江苏省南京市2名中学生为争夺女友，共纠集27名中学生火拼。他们手持棍棒，个个都很凶猛，从一小巷中辗转打到大街上，幸有路人及时报警，双方在警察赶到后各自领人逃散，混战中至少有1人受伤。

实际演练

甲同学与乙同学在下象棋，丙同学在旁边观看，但忍不住指点了一番，惹怒了下棋的甲。但丙比甲长得更粗壮，甲在争斗中吃了亏，心存不服，于是伺机报复。甲找来了几个同伙，动手打了丙。丙被打后，心里不服……请设计这种无休止争斗的剧情，让学生思考最后的结局是什么。

第8课 预防艾滋病 身体保健康

艾滋病，医学全称获得性免疫缺陷综合征，英文缩写为AIDS。这是一种世界性、致死性、传染性疾病。1981年6月13日美国首次发现艾滋病，短短数十年，艾滋病以惊人的速度蔓延全球，没有哪个国家可以幸免。

艾滋病病毒感染人的身体后，人体的免疫系统遭到破坏，机体丧失了抵抗能力，导致人发病的各种病毒乘虚而入，体内肿瘤细胞等不正常细胞也会失去控制，乘机迅速生长、繁殖，发展成各类癌症。最终因长期消耗，全身器官衰竭而死亡。目前还没有治疗艾滋病的特效药与预防疫苗。人一旦感染艾滋病病毒，将终生带毒并具有传染性，直至死亡。

尽管艾滋病横行肆虐，凶残至极，但是经过全球的共同努力，艾滋病防控工作很有成效。新增艾滋病病人数量和死于艾滋病的人数都出现了下降的趋势，艾滋病流行状况得到缓解。

已经证实的艾滋病传播途径有三种：

1．血液传播：常见的血液传播是吸毒者共用注射器和针头引起艾滋病的传播。其次，不符合国家规定的采血活动，引起供血者之间的交叉感染和血源污染。另外，医院的手术器械未经消毒或消毒不严格，输血或血液制品不合格，理发用的刮脸刀，美容、穿耳洞用的刀具、针具，浴室里提供修脚服务时常用的修脚刀等不进行严格的消毒，都有可能引起艾滋病的传播。

2．性传播：通过性行为传播是艾滋病病毒的主要传染途径。无论是异性之间还是同性之间的性交，只要其中一方是艾滋病病毒的感染者或艾滋病病人，另一方就有被感染的可能。

3．母婴传播：已受艾滋病病毒感染的孕妇可通过胎盘，或分娩时通过产道，将病毒传染给新生儿；也可通过哺乳，将病毒传染给婴儿。受感染的婴儿通常很难存活到两三岁以上。

生活中的一般接触不会感染艾滋病病毒。与艾滋病病人握手、拥抱、抚摸、礼节性接吻，一起吃饭、喝饮料以及共用碗筷、杯子，一起使用公共设施，如厕所、游泳池、公共浴池、电话、公共汽车，一起起居、劳动，共用劳动工具，上同一所学校，一起参与集体活动等，都不会感染艾滋病。此外，蚊子、苍蝇、蟑螂等昆虫也不会传播艾滋病。动物咬伤、抓伤不会传播艾滋病，除了黑猩猩和人之外，其他任何动物和昆虫都不会感染艾滋病。咳嗽、打喷嚏不会传播艾滋病。

那么如何预防艾滋病病毒的传播呢？

1．洁身自爱，避免婚前、婚外性行为，性生活应坚持使用合格的安全套，杜绝不安全的性行为。

2．避免不必要的输血，必须输血时，应使用经艾滋病病毒抗体检查合格的血液；避免不必要的注射，必须注射或医学检查时，应使用一次性的或经严格消毒的注射器和诊疗器械；不与他人共用剃须刀、牙刷；避免使用不干净的理发工具、修脚刀等。

3．远离毒品，一定不要吸毒，避免血液感染。

4．怀疑自己受艾滋病病毒感染时，应及时到疾病预防控制中心接受检测。

5．女性艾滋病病毒携带者避免生育。

讨论

1．艾滋病病毒传播途径有哪些？

2．如何用博爱关心艾滋病患者？

阅读案例

1．朱力亚，目前唯一有勇气公开自己艾滋病病情的在校女大学生。这个活泼快乐、有着优异成绩的大学外语系二年级学生、正在品尝爱情滋味的22岁的西安姑娘，突然间被HIV病毒迅速推向了她生命的深渊。

2．28岁的何晶（化名）12月就要生宝宝了。11月初，她去医院进行孕期检查，却被查出患上艾滋病。对于感染艾滋病的原因，何晶坦言，除了丈夫之外，她还和其他男子有过交往。而让她没想到的是，丈夫经检查发现患上艾滋病后，承认自己也曾在外面鬼混过。

3．32岁的吴晓琴（化名）因为献血发现疑似艾滋病。吴晓琴表示，她丈夫能证明她婚前没有任何性行为。随后，吴晓琴的丈夫也被检测出患有艾滋病。事后他表示，造成这一切都是他的过错。原来，有一段时间吴晓琴外出工作，丈夫与广西一女子网恋，后接到家里住了一个月。